PISTAZIENBUTTER

PISTAZIENBUTTER

Selbermachen.
genießen. Verschenken.

Köstlichkeiten aus der kreativen Manufaktur
für das Grillfest sind schöne Geschenke und Mitbringsel:
mit Sorgfalt hergestellt, mit Liebe verpackt.

Anne Iburg • Gesine Harth

FEINE GESCHENKE
FÜR GRILLFESTE

Sommerliche Feinkost lecker verpackt

Inhalt

Grillvergnügen

Sommer, Sonne, Grillvergnügen: Was wäre die schöne Jahreszeit ohne fröhliche Grillfeste? Einladungen zum Grillen mit Freunden gehören genauso zum Sommer wie Freibad, Eis und Sonnenstrahlen. Wenn man mit gut gelaunten Gästen kühle Getränke und Leckereien vom Grill genießt, wenn sich fröhliches Lachen mit anregenden Gesprächen mischt, dann ist der Sommer perfekt.

Natürlich gehört zu jeder Grillparty eine große Auswahl an Köstlichkeiten, die man zu frisch Gegrilltem genießen kann. Machen Sie doch sich selbst, dem Gastgeber und den anderen Gästen eine kleine Gaumenfreude und bringen Sie feine Soßen, leckere Chutneys, Mini-Bagels oder exotische Gewürzbutter als Geschenk mit.

Damit die feinen Grillbeigaben auch passend in Szene gesetzt werden können, haben wir zu jedem Rezept eine Verpackungsidee entwickelt. Von ganz einfach und schlicht bis etwas aufwendiger und effektvoller ist für jeden Geschmack und jedes Zeitbudget etwas dabei. Lassen Sie sich inspirieren!

Rote Chilibutter
feurig-scharf

Knoblauch abziehen und fein würfeln. Chilischoten waschen, trocken tupfen, längs halbieren, entkernen und würfeln.

Verrühren Sie die Butter in einer Schüssel gründlich mit dem Knoblauch, den Chilischoten und dem Tomatenmark und würzen Sie mit Salz und Pfeffer. Zuletzt die italienischen Kräuter hineinrühren. Die Masse zu Rollen formen und für etwa 1 Stunde in den Kühlschrank stellen, dann in Scheiben schneiden.

Die Chilibutter ist im Kühlschrank 5–10 Tage haltbar.

Die Verpackungsidee für die Chilibutter finden Sie auf Seite 10/11.

Zutaten für 4 Gläser à 230 ml

5 Knoblauchzehen
5 rote Chilischoten
500 g zimmerwarme Butter
5 EL Tomatenmark
Salz
schwarzer Pfeffer
2 EL getrocknete italienische Kräuter

20 Min. Zubereitung
1 Std. Kühlzeit

Manschetten mit Anhänger
für die Chilibutter

Material
Sturzglas, 230 ml
Geschenkpapier nach Wahl
Fotokarton in Creme
Kordel in Weiß
Filzstift in Rot
Öse
Ösenzange oder Eyelet-Setter
Einlochzange
Schere oder Cutter
evtl. Motivstanzer: Herz

Schneiden Sie aus dem Geschenkpapier ein 22 cm x 22 cm großes Quadrat aus und legen Sie es mit der Rückseite nach oben auf die Arbeitsfläche. Stellen Sie das Glas mit der Chilibutter in die Mitte des Papiers, klappen Sie zwei gegenüberliegende Ecken nach oben und halten Sie sie in dieser Position fest. Anschließend die beiden verbleibenden Ecken auch nach oben klappen und die überstehenden seitlichen Ecken umfalten.

Für das Etikett einen Kreis mit einem Durchmesser von ca. 3 cm aus dem cremefarbenen Fotokarton ausstanzen oder -schneiden und mit einem Filzstift nach Wahl beschriften. Alternativ können Sie aus dem Etikett auch kleine, dekorative Motive stanzen.

In das Papier ein kleines Loch stanzen, das so groß sein sollte, dass die verwendete Öse genau hineinpasst. Das Etikett mit einer Öse versehen und auf die Kordel fädeln. Anschließend die Kordel mehrmals um das Papier wickeln und die Enden miteinander verknoten.

Pistazienbutter
mild-nussig

Die Pistazien sehr fein hacken. Verrühren Sie die Butter in einer Schüssel mit den Pistazien, dem Curry sowie Salz und Pfeffer. Die Masse in das Porzellanschälchen füllen und für etwa 1 Stunde in den Kühlschrank stellen.

Im Kühlschrank aufbewahrt ist die Pistazienbutter 3–7 Tage haltbar.

Die Verpackungsidee für die Pistazienbutter finden Sie auf Seite 14/15.

Zutaten für ein Porzellanschälchen

4 EL Pistazienkerne
250 g zimmerwarme Butter
1 Msp. Curry
½ TL Salz
1 Msp. schwarzer Pfeffer

10 Min. Zubereitung
1 Std. Kühlzeit

Federleichte Anhänger
für die Pistazienbutter

Material
Porzellangefäß mit Deckel
Karton in Grüntönen nach
Wahl
Kordel in Grün-Weiß
Schere oder Cutter
Textstempel zum
Selbersetzen
Stempelfarbe in Grau

Vorlage Seite 59

Übertragen Sie die Vorlage für die Feder auf Karton in unterschiedlichen Grüntönen. Farbkarten aus dem Baumarkt bieten hierfür eine große Auswahl an Farbvariationen.

Schneiden Sie das Motiv mit der Schere oder dem Cutter aus. Zwei Federn übereinanderlegen und mithilfe des Textstempels die obere mit dem Wunschtext bestempeln. Denken Sie dabei daran, den Text spiegelverkehrt von rechts nach links zu setzen.

Legen Sie die Anhänger auf den Porzellandeckel und wickeln Sie die Kordel um Federn und Gefäß. Die Kordel mit einem Knoten oder einer Schleife fixieren.

Birnen-Pflaumen-Chutney
fruchtig-würzig

Schälen und vierteln Sie die Birnen, entfernen Sie die Kerngehäuse und schneiden Sie sie in Würfel. Die Zwiebeln abziehen und in feine Streifen schneiden. Die Pflaumen waschen, entsteinen und grob würfeln. Die Tomaten über Kreuz einschneiden, kurz überbrühen, abschrecken und enthäuten. Die Tomaten vierteln, entkernen und grob würfeln.

Geben Sie die Tomaten, dann die übrigen Früchte und Zwiebeln sowie Gewürze in einen Topf. Zitronensaft, Rübendicksaft und das Lorbeerblatt ebenfalls hinzufügen.

Den Topf mit einem Deckel verschließen und alles langsam bei mittlerer Stufe zum Kochen bringen. Danach auf die kleinste Stufe zurückschalten und das Chutney etwa 30 Minuten zugedeckt leicht köcheln lassen. Zwischendurch immer wieder umrühren. Füllen Sie das fertige Chutney in saubere, zuvor heiß ausgespülte Gläser und verschließen Sie diese luftdicht.

Das Chutney ist im Kühlschrank aufbewahrt 2 Monate haltbar.

Die Verpackungsidee für das Birnen-Pflaumen-Chutney finden Sie auf Seite 18/19.

Zutaten für 4 Gläser à 220 ml

250 g Birnen
250 g Zwiebeln
400 g Pflaumen
250 g Tomaten
1 TL Salz
½ TL schwarzer Pfeffer
1 TL Zimt
1 EL Paprikapulver, edelsüß
1 EL Currypulver
Saft von 1 Zitrone
30–50 ml Rübendicksaft
1 Lorbeerblatt

30 Min. Zubereitung
40 Min. Kochzeit

BIRNEN-PFLAUMEN

Chutney

Gläserschmuck
für das Birnen–
Pflaumen–Chutney

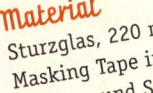

Material
Sturzglas, 220 ml
Masking Tape in Weiß,
Schwarz und Schwarz-
Weiß-gemustert
Tafelfolie
Lackmalstifte in Schwarz
und Weiß
Schere

Vorlage Seite 58

Bekleben Sie den Deckel mit Masking Tape. Dabei die Klebestreifen so aneinandersetzen, dass ein fortlaufendes Muster entsteht. Einen einfarbigen Streifen Masking Tape mithilfe eines Lackmalstifts beschriften und mittig auf den ausgekleideten Deckel kleben.

Für das Etikett übertragen Sie die Vorlage auf Tafelfolie und schneiden sie aus. Beschriften Sie die Folie mit einem weißen Lackmalstift. Nachdem die Farbe getrocknet ist, das Etikett auf das fettfreie und saubere Glas kleben.

Mango-Cranberry-Chutney
feurig-fruchtig

Die Mangos schälen. Das Fruchtfleisch vom Kern abschneiden und in kleine Würfel schneiden. Den Ingwer und den Knoblauch schälen und fein hacken. Die Chilischoten waschen, trocken tupfen, längs halbieren, entkernen und grob zerkleinern.

Erhitzen Sie das Olivenöl in einem Topf. Den Ingwer zusammen mit dem Knoblauch ins heiße Öl geben und anschwitzen. Garam Masala dazugeben und alles unter ständigem Rühren anrösten. Zucker hinzufügen und diesen unter Rühren auflösen. Übergießen Sie die Masse mit dem Essig und rühren Sie die Mangostücke und das Chili ein.

Würzen Sie das Chutney mit Salz und Pfeffer und geben Sie die Cranberries dazu. Alles bei mittlerer Hitze etwa 15 Minuten offen köcheln lassen, dabei immer wieder umrühren. Sobald das Chutney eine dickliche Konsistenz hat, dieses vom Herd nehmen, in saubere, heiß ausgespülte Weckgläser füllen und sofort luftdicht verschließen. Im Kühlschrank aufbewahrt ist das Chutney ca. 2 Monate haltbar.

Die Verpackungsidee für das Mango-Cranberry-Chutney finden Sie auf Seite 22/23.

Zutaten für 4 Gläser à 170 ml

1 kg reife Mangos
1 Stück Ingwer, 4 cm lang
5 Knoblauchzehen
4 rote Chilischoten
2 EL Olivenöl
1 TL Garam Masala (indische Gewürzmischung)
200 g brauner Zucker
100 ml Weißweinessig
Salz, schwarzer Pfeffer
150 g getrocknete Cranberries

45 Min. Zubereitung
25 Min. Kochzeit

Knallbunter Deckelschmuck
für das Chutney

Material
Sturzglas, 170 ml
Tonpapier in Orange, Lila
und Pink
Holzleim
Haushaltsgummi, farbig
Lackmalstift in Weiß
Locher oder Einlochzange

Stanzen Sie mithilfe eines Stanzers oder Lochers aus dem Fotokarton oder Tonpapier farbiges Konfetti.

Bestreichen Sie den Glasdeckel vollflächig mit Holzleim und streuen Sie das Konfetti darauf. Drücken Sie das Papier vorsichtig auf den Leim. Dabei mit der Oberseite beginnen und danach den Rand des Deckels bekleben.

Sollte der Deckel nicht vollständig mit dem Konfetti bedeckt sein, verbliebene Löcher mit kleinen Leimtupfern und Konfetti auffüllen. Lassen Sie den Leim einige Stunden trocknen und aushärten. Lockeres Konfetti danach herausklopfen und entfernen.

Für das Etikett schneiden oder stanzen Sie einen ca. 4,5 cm großen Kreis (kann je nach Glasgröße variieren) aus dem Tonpapier. Mithilfe eines weißen Lackmalstifts beschriften. Legen Sie das Etikett an das Glas und wickeln Sie ein farbiges Haushaltsgummi darum.

Grillfleisch ohne feine Beilagen wäre eine langweilige Angelegenheit. Deshalb haben wir viele leckere Beilagen zum Grillen zusammengestellt wie Mango-Cranberry-Chutney, rote Salsa oder Mini-Bagels. Lassen Sie es sich schmecken und verschenken Sie Gaumenfreuden mit den feinen Leckereien für Grillfeste.

Haselnuss-Pesto
nussig-mild

Rösten Sie die Haselnüsse ohne Fett in einer Pfanne, bis sie duften. Abkühlen lassen und die Häutchen mit einem Geschirrtuch abreiben. Den Knoblauch abziehen und fein hacken. Nüsse, Knoblauch, Orangenschale und ca. 220 ml Öl mit ½ TL Salz und reichlich frisch gemahlenem Pfeffer pürieren. Den geriebenen Parmesan unterrühren.

Das Pesto in Schraubgläser füllen, 1–2 TL Öl darübergeben, verschließen und in den Kühlschrank stellen.

Das Pesto ist im Kühlschrank aufbewahrt ca. 4 Wochen haltbar.

Die Verpackungsidee für das Pesto finden Sie auf Seite 28/29.

Zutaten für 3 Gläser à 140 ml

200 g Haselnüsse
5 Knoblauchzehen
½ TL abgeriebene Orangenschale
220–250 ml Olivenöl
Salz
schwarzer Pfeffer
60 g geriebener Parmesan

30 Min. Zubereitung
30 Min. Abkühlzeit

Tüten im Knitterlook für das Pesto

Material

Rundglas, 140 ml
Packpapier, A3
Embossing Labelmaker
Radiergummi
Stempelfarbe in Schwarz
Transparentpapier
kleine Holzklammer
Klebeband
Klebstoff
Bleistift
Linolschnittmesser
Cutter

Vorlage Seite 58

Pausen Sie für den Stempel die Konturen der Vorlage mit Bleistift auf Transparentpapier ab. Die Zeichnung mit der Graphitseite auf einen Radiergummi legen und mit dem Fingernagel darüberreiben, bis das Motiv komplett auf den Gummi übertragen ist. Den Gummi danach grob auf die Motivgröße zuschneiden. Schnitzen Sie mit dem feinsten Linolschnittmesser die Außenkontur des Motivs. Danach das überstehende Gummi mit dem Cutter wegschneiden. Führen Sie danach einen Probedruck durch. Überstehende Gummireste entfernen.

Das Packpapier durch kaltes Wasser ziehen. Lassen Sie es abtropfen und knautschen Sie es gut durch. Danach etwas glattstreichen. Wenn das Packpapier ganz durchgetrocknet ist, kneten Sie es ein weiteres Mal und schneiden dann ein etwa 20 cm x 20 cm großes Quadrat aus. Das Packpapier um das Pesto-Glas wickeln und dabei die Stellen markieren, die bestempelt werden sollen. Nehmen Sie das Papier vom Glas und bestempeln Sie es mit dem Motiv. Wenn die Stempelfarbe trocken ist, das Papier um das Glas wickeln und auf der Unterseite mit Klebestreifen fixieren.

Mithilfe des Embossing Labelmakers prägen Sie Ihren Wunschtext in das dazugehörige Etikett. Dieses anschließend hochkant über die überlappenden Papierkanten kleben. Die obere Öffnung nach vorne falten und die Verpackung mit einer kleinen Holzklammer verschließen.

Rote Salsa
mild—scharf

Die Tomaten kurz in kochendes Wasser tauchen, abschrecken, häuten und quer halbieren. Stielansätze und Kerne entfernen. Das Fruchtfleisch grob hacken. Zwiebel und Knoblauch schälen und hacken.

Die Paprikaschote mit dem Sparschäler schälen und halbieren. Stielansatz und Kerne entfernen und in kleine Würfel schneiden. Die Chilischoten waschen, trocken tupfen, längs halbieren, entkernen und fein würfeln.

Geben Sie Tomaten, Zwiebel, Knoblauch, Chilischoten und Paprika in einen breiten Topf. Tomatenmark und Brühe unterrühren. Alles aufkochen und offen bei schwacher Hitze in 15 Minuten dicklich einköcheln lassen. Dabei ab und zu umrühren und mit Zucker, Salz und Pfeffer abschmecken. Pürieren, heiß in die Flaschen füllen und sofort luftdicht verschließen.

Die Salsa ist im Kühlschrank aufbewahrt ca. 6 Wochen haltbar.

Die Verpackungsidee für die Salsa finden Sie auf Seite 32/33.

Die Verpackungsidee für die Salsa finden Sie auf Seite 32/33.

Zutaten für
4 Flaschen à 100 ml

500 g Fleischtomaten
1 kleine Zwiebel
1–2 Knoblauchzehen
1 rote Paprikaschote
2 grüne Chilischoten
2 EL Tomatenmark
50 ml Gemüsebrühe
1 Prise Zucker
Salz
schwarzer Pfeffer

30 Min. Zubereitung
20 Min. Kochzeit

Bunte Kreisbanderole für die rote Salsa

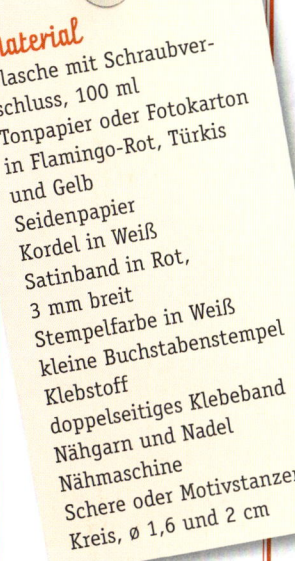

Material

Flasche mit Schraubver-
schluss, 100 ml
Tonpapier oder Fotokarton
in Flamingo-Rot, Türkis
und Gelb
Seidenpapier
Kordel in Weiß
Satinband in Rot,
3 mm breit
Stempelfarbe in Weiß
kleine Buchstabenstempel
Klebstoff
doppelseitiges Klebeband
Nähgarn und Nadel
Nähmaschine
Schere oder Motivstanzer:
Kreis, ø 1,6 und 2 cm

Schneiden oder stanzen Sie aus dem Tonpapier oder Fotokarton sieben Kreise (ø 2 cm) aus und legen Sie diese auf ein Satinband. Die Anzahl der Kreise kann je nach Textlänge und Flaschenumfang variieren. Das Satinband sollte so lang sein, dass es um die Flasche gelegt und verknotet werden kann.

Die einzelnen Kreise mit der Nähmaschine auf das Band nähen. Vor dem letzten Maschinenstich eines jeden Papierkreises den folgenden Kreis unter den Steppfuß legen und weiternähen, bis alle Kreise mit dem Satinband verbunden sind. Etwas leichter geht es, wenn Sie die einzelnen Kreise zuvor mit doppelseitigem Klebeband auf dem Satinband fixieren. Die Fadenenden mit einer Nähnadel auf die Rückseite der Banderole ziehen, verknoten und abschneiden.

Schneiden oder stanzen Sie nun sieben weitere Kreise (ø 1,6 cm) aus und bestempeln Sie diese mithilfe von kleinen Buchstabenstempeln und weißer Stempelfarbe. Nachdem die Farbe getrocknet ist, die kleinen Kreise auf die größeren kleben und die Banderole um die Flasche binden.

Aus Seidenpapier ein ca. 8 cm x 8 cm großes Rechteck ausschneiden, dieses um den Flaschenverschluss legen und mit der weißen Kordel fixieren.

Eingelegte Zucchini pikant–mediterran

Die Zucchini waschen, putzen, eventuell halbieren, dann in Scheiben schneiden. Den Knoblauch abziehen und ebenfalls in Scheiben schneiden.

Erhitzen Sie etwas Öl in einer beschichteten Pfanne und braten Sie einen Teil der Zucchini von beiden Seiten goldgelb. Einen Teil des Knoblauchs hinzugeben und mit Thymian und Salz abschmecken. Die fertig gebratenen Zucchinischeiben in eine Schüssel geben und auskühlen lassen. Mit den restlichen Zucchini, Knoblauch, Öl, Thymian und Salz ebenso verfahren.

Den Schafskäse in Würfel schneiden und unter die kalten Zucchinischeiben mischen. Das Ganze in Gläser füllen und mit Olivenöl auffüllen, sodass alle Zutaten mit Öl bedeckt sind. Die Gläser gut verschließen.

Die eingelegten Zucchini sind im Kühlschrank aufbewahrt ca. 2 Wochen haltbar.

Die Verpackungsidee für die eingelegten Zucchini finden Sie auf Seite 36/37.

Tipp: Olivenöl wird im Kühlschrank fest. Bei Zimmertemperatur verflüssigt es sich aber wieder.

Zutaten für 4 Gläser à 260 ml

500 g kleine Zucchini
12 Knoblauchzehen
500–600 ml Olivenöl
4 TL getrockneter Thymian
1 TL Salz
400 g Feta

Becher mit Banderole für die eingelegten Zucchini

Material
Suppenbecher „to go" mit Deckel
Holzgabel
Geschirrhandtuch
Textilfilz in Rot
Stempelfarbe in Schwarz
Buchstabenstempel
Nähgarn in Schwarz
Nähnadel oder Nähmaschine
Stecknadel
Zackenschere
Schere

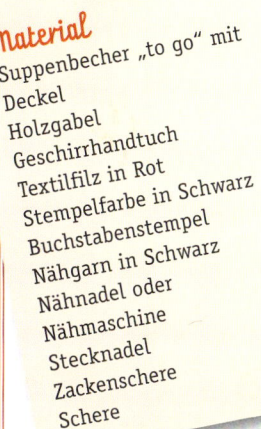

Schneiden Sie mit der Zackenschere aus einem Geschirrhandtuch einen ca. 45 cm langen (variiert je nach Durchmesser des verwendeten Bechers) und 2,7 cm breiten Streifen. Bestempeln Sie den Streifen mithilfe von Buchstabenstempeln und schwarzer Stempelfarbe mit Ihrem Wunschtext.

Aus dem Textilfilz einen ebenso langen und 3,5 cm breiten Streifen zuschneiden. Den Filz- und den Stoffstreifen übereinander straff um den Becher legen und die Enden mit einer Stecknadel fixieren. Achten Sie darauf, dass an beiden Enden ca. 6 cm überstehen.

Eine Einweggabel zwischen die beiden überstehenden Filzenden klemmen und die zweite Naht dicht hinter der Gabel mit einer Stecknadel markieren. Nehmen Sie die Banderole vom Becher und nähen Sie an den beiden markierten Stellen alle Materiallagen zusammen. Die Nähte mit der Nähmaschine oder mit der Hand nähen. Schneiden Sie aus den Streifenenden ein Dreieck aus, sodass eine Doppelspitze entsteht.

Kleine Warenkunde
Sommergemüse

Tomate

Tomaten gehören zum meist gegessenen Gemüse in Deutschland. Der süße und fruchtige Geschmack der roten Frucht führte zu ihrem hohen Beliebtheitsgrad. Das war allerdings nicht immer so, erst in den 50er Jahren des letzten Jahrhunderts trat die Tomate ihren Siegeszug in der deutschen Küche an. Zuvor hatte sie zwar lange die schönen Namen „Liebesapfel" oder „Goldapfel", war aber bei uns kulinarisch weitgehend unbekannt.

Tomate

Paprika

Als grüne, gelbe und rote sowie neuerdings als orangefarbene Früchte sind uns die Paprikaschoten bekannt. Wie die Tomaten haben sie ihren Ursprung in Südamerika. Kolumbus brachte die Paprikapflanze mit nach Europa. Dort verbreitete sie sich erst in Spanien, später im Balkan und danach in Indien. Zuerst war sie als hübsche Zierpflanze begehrt. Später, im 17. Jahrhundert, wurde sie für die ärmere Bevölkerung eine Alternative zu dem erheblich teureren schwarzen Pfeffer.

Paprika

Zucchini

Der Name „Zucchini" kommt aus dem Italienischen und bedeutet „kleiner Kürbis". Ihren Ursprung haben die gurkenähnlichen Früchte jedoch in Nord- und Mittelamerika, wo sie schon seit Tausenden von Jahren angebaut wurden. Erst in den 70er Jahren des 19. Jahrhunderts lernten die Deutschen die Zucchini zu schätzen. Heute findet man sie in vielen Gemüsegärten, da sie einfach in der Pflege ist und im mitteleuropäischen Klima gut gedeiht.

Zucchini

Pfifferlinge

Pfifferlinge

Die ausschließlich wild wachsenden Pfifferlinge zeichnen sich durch ihren würzigen Geschmack aus und erfreuen sich daher großer Beliebtheit in der Küche. Sie bestehen zu 80 Prozent aus Wasser, enthalten fast kein Fett, liefern dafür aber vor allem viel Vitamin D und Kalium. Auch ihr Gehalt an Eisen ist unter den Speisepilzen einzigartig hoch. Sofern man der Redewendung „keinen Pfifferling wert" glauben mag, gab es sie früher in unseren Laubwäldern vermutlich in großen Mengen. Heute kommen Pfifferlinge vor allem aus Polen, Weißrussland oder Russland.

Knoblauch

Kaum eine Küche der Welt kommt ohne Knoblauch aus. Die Knolle, deren Heimat die Steppe Kirgisiens ist, liefert ein einzigartiges Aroma und nebenbei auch jede Menge Vitamine, Mineralstoffe und Spurenelemente. Was den Knoblauch so unverwechselbar macht und sich gleichfalls sehr positiv auf die Gesundheit auswirkt, ist ein stark schwefelhaltiges, ätherisches Öl namens Allicin. Es schützt u.a. vor Herz-Kreislauf-Erkrankungen.

Knoblauch

Zwiebel

Zwiebel

Die Zwiebel ist in jedem Vorratsschrank zu finden. Zu Recht trägt sie den Beinamen „Königin des Gemüses", denn das Multitalent ist Bestandteil vieler Gerichte. Schon im Altertum galt sie als Geheimnis der Vitalität und Stärke, und bis heute hat sich der Ruf der Zwiebel als Lebenselixier erhalten. Ein erstaunliches Heilmittel ist sie auch, denn sie enthält ätherische Öle sowie schwefel- und sulfidhaltige Substanzen, die vor Krebs oder auch Herz-Kreislauf-Erkrankungen schützen sollen.

Eingelegte Pfifferlinge
pikant-scharf

Putzen Sie die Pfifferlinge mit einem Pinsel oder mit Küchenkrepp. Große Pilze halbieren. Die Chilischoten waschen, trocken tupfen, längs halbieren, entkernen und in Stücke schneiden. Die Schalotten abziehen und in feine Ringe schneiden.

Erhitzen Sie etwas Olivenöl in einer beschichteten Pfanne. Die Pfifferlinge, Chilistückchen und Schalottenringe darin anbraten. Mit Salz und Pfeffer würzen. Zum Schluss mit Aceto Balsamico abschmecken.

Die Rosmarinzweige waschen und trocken tupfen, in das Gefäß geben und die Pilze darauf verteilen. Mit Olivenöl angießen, sodass alle Zutaten bedeckt sind. Die Pfifferlinge kühl und dunkel lagern.

Die eingelegten Pfifferlinge sind im Kühlschrank aufbewahrt ca. 2 Wochen haltbar.

Die Verpackungsidee für die Pfifferlinge finden Sie auf Seite 42/43.

Zutaten für ein Gefäß à 500 ml

450 g Pfifferlinge
3 Chilischoten
4 Schalotten
250 ml Olivenöl
Salz
schwarzer Pfeffer
6 EL Aceto Balsamico
4 Zweige Rosmarin

Schale mit Wimpelkette für die Pfifferlinge

Material

Aluschale
Kordel in Weiß
Masking Tape in Grün und Rot oder Orange
Stempelfarbe in Rot oder Grün
Buchstabenstempel
Schere

Bestempeln Sie den Deckel der Aluschale mithilfe von Buchstabenstempeln und roter oder grüner Stempelfarbe. Sollte die Stempelfarbe auf dem glatten Material des Deckels nicht haften, können Sie diesen zuvor mit Kopierpapier bekleben und anschließend bestempeln.

Für die Wimpelkette jeweils im Abstand von 2 bis 3 cm ca. 7 cm lange Masking-Tape-Streifen in der Mitte um eine ca. 70 cm lange Kordel falten. Das Masking Tape zusammenkleben und aus den Enden kleine Dreiecke schneiden, sodass Doppelspitzen entstehen.

Wickeln Sie die Wimpelkette mehrmals um die Aluschale und binden Sie die Enden an der Unterseite der Schale zusammen.

Eingelegte Tomaten mit Mozzarella
fruchtig-frisch

Heizen Sie den Backofen auf 200 °C vor. Die Cocktailtomaten waschen, trocken reiben, halbieren und auf ein mit Backpapier ausgelegtes Backblech setzen. Die Schnittfläche zeigt nach oben. Diese mit Thymian bestreuen. Etwa 10 Minuten im Backofen backen.

In der Zwischenzeit den Knoblauch abziehen und fein hacken. Die Oliven ebenfalls in Ringe schneiden. Die Mozzarella-Kugeln halbieren.

Schichten Sie die Tomaten- und Mozzarellahälften, Oliven und den Knoblauch in die Gläser. Mit Olivenöl angießen und möglichst komplett mit dem Olivenöl bedecken. Das Glas fest verschließen.

Die eingelegten Tomaten sind im Kühlschrank aufbewahrt ca. 2 Wochen haltbar.

Die Verpackungsidee für die eingelegten Tomaten finden Sie auf Seite 46/47.

Zutaten für 4 Gläser à 160 ml

300 g Cocktail-
tomaten
2 EL getrockneter
Thymian
2 Knoblauchzehen
4 EL schwarze Oliven
ohne Kerne
200 g kleine
Mozzarella-Kugeln
200 ml Olivenöl

20 Min. Zubereitung
10 Min. Backzeit

Deckelschmuck für die eingelegten Tomaten

Material

Sturzglas, 250 ml
Kopie einer Atlaskarte
Transparentpapier
Nähgarn in Rot oder Weiß
Stempelfarbe in Dunkelblau
Buchstabenstempel
Zirkel
Schere oder Cutter
Nähmaschine
doppelseitiges Klebeband

Schneiden Sie aus der Kopie einer Atlaskarte einen Kreis, der in die Vertiefung des Glasdeckels passt. Um den mediterranen Flair der Speise zu unterstützen, suchen Sie sich möglichst eine passende Region im Atlas aus. Zerknüllen Sie das Papier und streichen Sie es danach wieder glatt.

Aus dem Transparentpapier einen etwas kleineren Kreis ausschneiden oder -stanzen und mit Text nach Wunsch bestempeln.

Ist die Stempelfarbe getrocknet, die beiden Papierkreise übereinanderlegen und mit einem Zickzack-Stich zusammennähen. Ungeübte sollten diese runden Nähte zunächst auf einem Reststück üben. Kleine Unregelmäßigkeiten in der Naht machen das Werkstück jedoch charmanter. Das fertige Etikett mit doppelseitigem Klebeband auf den Glasdeckel kleben.

Mini-Mohn-Bagels amerikanische Köstlichkeit

Zutaten für 18 Stück

Die Milch erwärmen. Mehl und Salz mischen. Hefe, Milch, Butter in Flöckchen und das Ei hinzugeben. Alles zu einem glatten, geschmeidigen Teig verkneten und gehen lassen, bis sich das Volumen verdoppelt hat.

Teilen Sie den Teig in 18 gleich große Stücke. Formen Sie sie jeweils zu einer Kugel und drücken Sie in der Mitte mit dem Stiel vom Holzkochlöffel ein Loch ein. Den Backofen auf 220 °C vorheizen. Das Backblech mit Backpapier auslegen.

In einem breiten Topf Wasser mit Zucker und Natron aufkochen. Die Mini-Bagels darin portionsweise von beiden Seiten etwa 1 Minute garen, mit einer Schaumkelle herausnehmen und aufs Backblech setzen. Mit Mohn bestreuen.

Die Mini-Bagels bei 220 °C etwa 15 Minuten backen. Auf einem Kuchengitter auskühlen lassen und verpacken. Die Mini-Bagels sind 1–3 Tage haltbar.

Die Verpackungsidee für die Mini-Bagels finden Sie auf Seite 52/53.

250 ml Milch
600 g Weizenmehl Type 405
2 TL Salz
1 Pck. Trockenhefe
50 g Butter
1 Ei
50 g Zucker
5 g Natron
Mohn zum Bestreuen

40 Min. Zubereitung
60 Min. Ruhezeit
15 Min. Backzeit

Enjoy!

Enjoy!

BAGELS

Hübsche Tüten
für die Mini-Bagels

Bestempeln Sie die Packpapiertüte mithilfe großer Buchstabenstempel und weißer Stempelfarbe.

Für das Etikett auf das neonfarbene Tonpapier einen ca. 7,5 cm großen Kreis zeichnen und mit der Zackenschere ausschneiden. Beschriften Sie das Etikett mit einem breiten Stift mit Ihrem Wunschtext. Alternativ dies zunächst auf einem anderen Papier üben und den schönsten Schriftzug mit Blaupause auf das Etikett übertragen. Mit einem sehr scharfen Cutter anschließend den Schriftzug herausschneiden.

Befüllen Sie die Tüte mit den Mini-Bagels und falten Sie ca. 3 cm der Tütenöffnung auf die Rückseite. Das Etikett auf den oberen Teil der Tüte legen und diese mit einem Zickzack-Stich an der Nähmaschine verschließen.

Tipp: Sollten Sie keine großen Buchstabenstempel zur Hand haben, können Sie die einzelnen Buchstaben auf Moosgummi vorzeichnen und mit der Schere oder dem Cutter ausschneiden. Diese danach auf kleine Holzklötzchen kleben.

Kräuter-Hefezopf
herzhaft-lecker

Die Kräuter waschen, trocken tupfen und fein hacken. Die Milch erwärmen. Mehl, Hefe, Milch, Zucker, Butter in Flöckchen, Ei, Kräuter und Salz in eine Schüssel geben. Verkneten Sie alles zu einem glatten, geschmeidigen Teig und lassen Sie ihn gehen, bis sich das Volumen verdoppelt hat.

Teilen Sie den Teig auf einer leicht bemehlten Arbeitsplatte in drei gleich große Stücke und formen Sie diese zu je etwa 50 cm langen Strängen. Den Backofen auf 180 °C vorheizen.

Flechten Sie aus den Strängen einen Zopf. Diesen auf ein mit Backpapier belegtes Backblech setzen und abgedeckt weitere 15 Minuten gehen lassen. Das Eigelb mit der Milch verrühren. Den Zopf damit bestreichen und etwa 30 Minuten im Backofen auf mittlerer Schiene backen. Auf einem Kuchengitter auskühlen lassen und verpacken.

Der Kräuter-Hefezopf ist 1–3 Tage haltbar.

Die Verpackungsidee für den Kräuter-Hefezopf finden Sie auf Seite 56/57.

Zutaten für etwa 15 Scheiben

1 Bund Kräuter
(Petersilie, Schnitt-
lauch, Kerbel)
150 ml Milch
500 g Mehl
1 Pck. Trockenhefe
30 g Zucker
100 g Butter
1 Ei
1 TL Salz

Zum Bestreichen
1 Eigelb
1 EL Milch

30 Min. Zubereitung
60 Min. Ruhezeit
30 Min. Backzeit

Rustikaler Stoffbeutel
für den Hefezopf

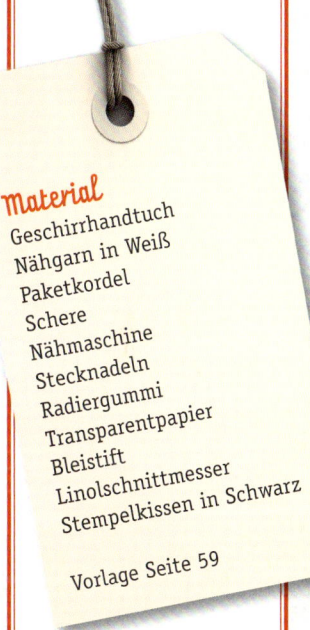

Material

Geschirrhandtuch
Nähgarn in Weiß
Paketkordel
Schere
Nähmaschine
Stecknadeln
Radiergummi
Transparentpapier
Bleistift
Linolschnittmesser
Stempelkissen in Schwarz

Vorlage Seite 59

Schneiden Sie aus einem gebügelten Geschirrtuch ein Rechteck mit den Maßen 54 cm x 36 cm so zu, dass Sie für die Beutelöffnung (kurze Seite) eine der umgenähten Kanten des Geschirrtuchs erhalten.

Alle Schnittkanten mit einem Zickzack-Stich versäumen und den Stoff rechts auf rechts legen, sodass die beiden langen Kanten aufeinanderliegen. Stecken Sie die Stoffkanten mit Stecknadeln fest. Nähen Sie mit einem Geradstich ca. 1 cm von der Außenkante die Seiten und den Boden zusammen. Die Naht auseinanderbügeln und den Beutel auf rechts drehen.

Für den Stempel die Konturen der Vorlage mit dem Bleistift auf Transparentpapier pausen. Anschließend die Zeichnung mit der Graphitseite auf einen Radiergummi legen und mit dem Fingernagel darüberreiben, bis das Motiv auf den Gummi übertragen ist. Das Motiv ist nun spiegelverkehrt abgebildet. Mit dem Linolschnittmesser alle Flächen, die später nicht drucken, wegschnitzen. Die druckenden Flächen bleiben stehen.

Führen Sie zunächst einen Probedruck durch. Dabei werden meist noch überstehende Gummireste sichtbar, diese mit dem Linolmesser entfernen. Danach den Stoffbeutel mit der schwarzen Stempelfarbe bestempeln. Den Hefezopf in den Stoffbeutel legen und die Paketkordel um die Öffnung wickeln.

Vorlagen

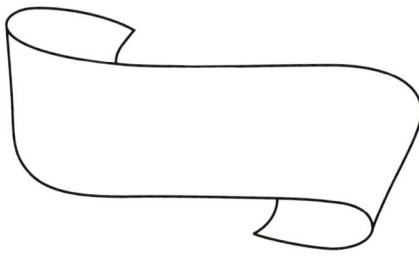

Gläserschmuck
Seite 18/19

Tüten im Knitterlook
Seite 28/29

Rustikaler Stoffbeutel
Seite 56/57

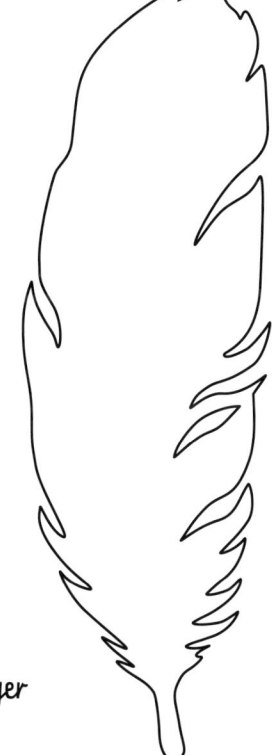

Federleichte Anhänger
Seite 14/15

Die kreative Manufaktur
Selbermachen. Genießen. Verschenken.

Bücher aus der kreativen Manufaktur

TOPP 5900
978-3-7724-5900-9

TOPP 5901
978-3-7724-5901-6

TOPP 5902
978-3-7724-5902-3

TOPP 5903
978-3-7724-5903-0

TOPP 5904
978-3-7724-5904-7

TOPP 5905
978-3-7724-5905-4

TOPP 5906
978-3-7724-5906-1

TOPP 5907
978-3-7724-5907-8

TOPP 5908
978-3-7724-5908-5

TOPP 5909
978-3-7724-5909-2

TOPP 5912
978-3-7724-5912-2

TOPP 5917
978-3-7724-5917-7

Die kreative Manufaktur
im handlichen Geschenkbuchformat

TOPP 5910
978-3-7724-5910-8

TOPP 5911
978-3-7724-5911-5

TOPP 5913
978-3-7724-5913-9

TOPP 5914
978-3-7724-5914-6

TOPP 5916
978-3-7724-5916-0

Die Autorinnen

Anne Iburg

Anne Iburg ist Autorin mehrerer Kochbücher und Ernährungsratgeber. Sie studierte an der Universität Bonn Oecotrophologie und arbeitete in einem Kochstudio und in einem Ratgeberverlag, bevor sie sich vor mehr als zehn Jahren selbständig machte. Heute lebt sie mit ihrer Familie in Kaiserslautern und kocht und backt für ihr Leben gerne.

Gesine Harth

Anne Iburg

Gesine Harth

Gesine Harth studierte Kommunikationsdesign und Innenarchitektur in Köln und Wiesbaden. Ihr Interesse an unterschiedlichen Materialien und deren Gestaltungsmöglichkeiten hat sie hierbei vertieft und um einige Facetten erweitert – doch am meisten faszinierte und fasziniert sie noch immer das Papier und seine Vielseitigkeit.

Feine Papeterieartikel sind auch im Shop der Autorin auf dawanda erhältlich: http://de.dawanda.com/shop/Fraeulein-Frohgemut

Impressum

Verpackungsmodelle: Gesine Harth
Rezeptentwicklung: Anne Iburg

Fotos: frechverlag GmbH, 70499 Stuttgart; fotolia: Anitasstudio (Seite 16), Ideenkoch (Seite 30 unten), Kati Molin (Seite 38 links Mitte), Viktorija (Seite 38 unten rechts), Gorilla (Seite 39 oben links), Unpict (Seite 39 unten links), Lidante (Seite 39 Mitte rechts), babsi_w (Seite 40 unten); lichtpunkt, Michael Ruder, Stuttgart (alle übrigen)

Reihenkonzept: Katrin Hartmann
Produktmanagement: Katrin Hartmann
Lektorat: Uta Koßmagk
Markendesign und Layout: N I T R I B I T T Kommunikation & Design, Thomas Detlaf, Kischa Scheibe, Marco Schenck, www.nitribitt.com
Satz: elektrolyten, Petra Schmidt, München, www.elektrolyten.de

Druck und Bindung: APPL, Wemding

Materialangaben und Arbeitshinweise in diesem Buch wurden von den Autorinnen und den Mitarbeitern des Verlags sorgfältig geprüft. Eine Garantie wird jedoch nicht übernommen. Autorinnen und Verlag können für eventuell auftretende Fehler oder Schäden nicht haftbar gemacht werden. Das Werk und die darin gezeigten Modelle sind urheberrechtlich geschützt. Die Vervielfältigung und Verbreitung ist, außer für private, nicht kommerzielle Zwecke, untersagt und wird zivil- und strafrechtlich verfolgt. Dies gilt insbesondere für eine Verbreitung des Werkes durch Fotokopien, Film, Funk und Fernsehen.

Wir danken den Firmen Rayher Hobby GmbH, Laupheim, Thomas Merlo & Partner AG und Rico Design GmbH, Rakel, für die freundliche Unterstützung mit Material.

Hilfestellung zu allen Fragen, die Materialien und Kreativbücher betreffen:
Frau Erika Noll berät Sie. Rufen Sie an: 05052/911858 (normale Telefongebühren)

1. Auflage 2014
© 2014 frechverlag GmbH, 70499 Stuttgart

ISBN 978-3-7724-5915-3
Best.-Nr. 5915

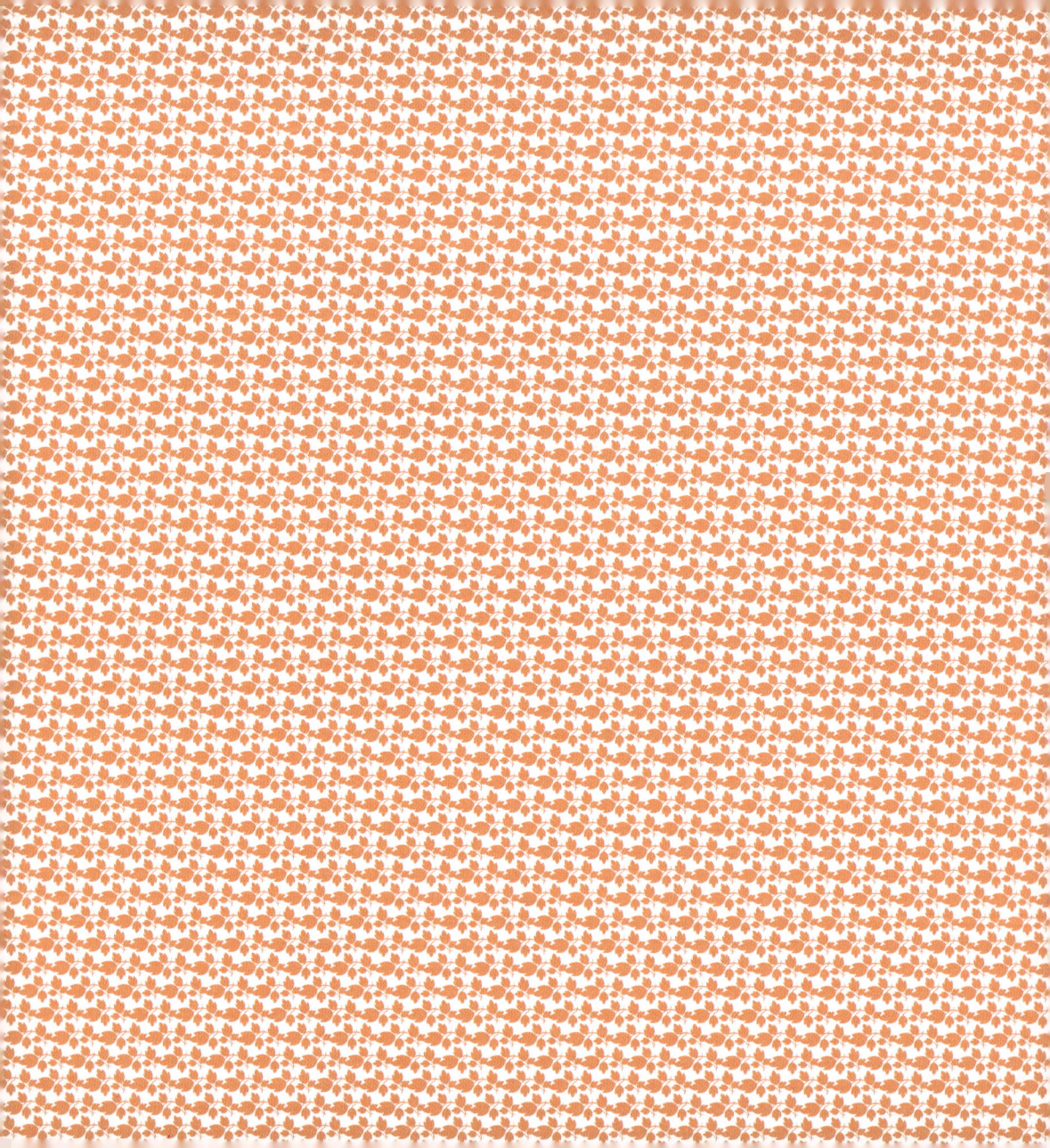